성녀의 작은 길

Copyright © 2023 by Whitaker House
Originally published in English under the title *The Little Way*
by Whitaker House, 1030 Hunt Valley Circle, New Kensington, PA 15068.
All rights reserved.

Korean translation copyright © 2025 Catholic Publishing House

성녀의 작은 길

2024년 10월 28일 교회 인가
2025년 1월 17일 초판 1쇄 펴냄

지은이 · 성녀 소화 데레사
옮긴이 · 이인섭
펴낸이 · 정순택
펴낸곳 · 가톨릭출판사
편집 겸 인쇄인 · 김대영
편집 · 박다솜, 김소정, 강서윤, 김지영
디자인 · 이경숙, 강해인, 정호진
마케팅 · 안효진, 황희진

본사 · 서울특별시 중구 중림로 27
등록 · 1958. 1. 16. 제2-314호
전자우편 · edit@catholicbook.kr
전화 · 1544-1886(대표 번호)
지로번호 · 3000997

ISBN 978-89-321-1937-3 03230

값 14,000원

성경 ⓒ 한국천주교중앙협의회, 2024.

이 책의 한국어 출판권은 (재)천주교서울대교구 가톨릭출판사에 있습니다.
저작권법에 의해 보호를 받는 저작물이므로 무단 전재와 무단 복제를 금합니다.

가톨릭의 모든 도서와 성물을 '가톨릭출판사 인터넷쇼핑몰'에서 만나 보실 수 있습니다.
http://www.catholicbook.kr | (02)6365-1888(구입 문의)

소화 데레사 성녀와
걷는 신앙 여정

성녀의 작은 길

성녀 소화 데레사 지음 | 이인섭 옮김

가톨릭출판사

"저는 제 자신을 예수님의 작은 꽃으로 봉헌하였습니다.
저는 그분을 위로하고 싶었습니다.
또 그분 지성소에 힘닿는 데까지 가까이 가고,
그분이 절 굽어보시고 절 돌보시며,
절 맞아 주시길 간절히 바랐습니다.

"제 '작은 길'에 있는 모든 것은
가장 평범한 것입니다.
제가 하는 모든 것은,
그토록 작은 영혼들도 할 수 있는 것이어야 합니다."

― 소화 데레사 성녀

소화 데레사 성녀의 생애

'작은 꽃'으로 알려진 소화 데레사 성녀는 19세기 말 맨발의 가르멜 수도회의 수녀였다. 데레사 성녀의 공식 명칭은 '아기 예수와 성면聖面의 데레사'이다. 비록 성녀는 스물네 살이라는 어린 나이에 봉쇄 수녀원에서 세상을 떠났지만, 성녀가 쓴 영적 저서들은 여전히 온 세상 곳곳에서 널리 읽히고 있다. 또한 성녀가 살았던 마을은 많게는 한 해에 무려 200만여 명의 순례객들이 찾는다.[1]

1873년 1월 2일, 프랑스 알랑송Alençon에서 태어난 성녀의 이름은 마리 프랑스와즈 데레사 마르탱Marie-Françoise-Thérèse Martin이었다. 데레사는 다섯 자녀 중 막내로, 독실한 가톨릭 집안에서 자랐다. 데레사는 네 살 때 사랑하는 어머니를 잃고 나서 큰 충격을 받았다. 이 일로 인해 원래 의욕적이고 활달했던 데레사는 '내성적이고, 수줍음을 타며 극도로 예민한' 모습으로 변하게 되었다.[2]

아내 그리고 어머니를 잃은 성녀의 가족은 프랑스 리지외로 이사했다. 데레사는 이곳에서 아버지와 언니들, 외삼촌 부부의 사랑을 받으며 자랐다. 그러나 어머니의 죽음에 대한 슬픔은 몇 년 동안 지속되었고, 그 사이에 하느님에 대한 헌신과 사랑이 커질수록 데레사는 스스로 "가책"이라고 표현할 정도로 극도의 세심증에 시달리기도 했다. 게다가 이 시기에 엄마와 다름없던 두 언니, 폴린과 마리가 리지외의 가르멜 수도회에 입회하면서 데레사는 그들을 더는 볼 수 없게 되는 아픔을 겪었다.

그러던 1886년 12월 25일, 열네 번째 생일을 일주일 앞

둔 데레사는 '완전한 회심'의 날을 맞이하게 된다. 하느님께서 자신의 내면을 치유해 주시며 아픔에서 해방시켜 주셨기 때문이다. 사랑하는 사람을 잃고, 자신의 부족함을 자각하며, 극도의 예민함에 시달린 지 거의 십 여년이 지난 후, 데레사는 마침내 이렇게 말했다.

"우리 주님께서는 즉시 저의 선의에 만족하시고, 제가 수년간 할 수 없었던 일을 완성시켜 주셨습니다……. 사랑과 자기 비움의 정신이 저를 사로잡았습니다."[3]

데레사는 하느님께 전적으로 헌신해야겠다는 열망을 품게 되었고, 열다섯 살이 되었을 때 가르멜 수도회에 입회해도 좋다는 아버지의 허락을 받았다. 그러나 당시 장상은 데레사의 어린 나이를 문제 삼아 입회를 선뜻 허락하지 않았다. 이에 데레사는 로마에 방문하여 교황을 알현할 때, 교황에게 직접 자신의 청원을 허락해 주길 청했다. 비록 그 자리에서 데레사는 교황의 허락을 받지는 못

했지만, 머지않아 지역 주교에게 입회 허락을 받을 수 있었다.

데레사는 자신을 예수님의 '작은 꽃'으로 여겼다. 하느님의 뜰에 핀 이름 모를 꽃이지만, 그분의 보살핌을 받으며 기뻐하는 존재로 생각한 것이다. 한편 데레사는 가르멜 수도회에서 지켜야 하는 생활 규칙을 온전히 수용했지만, 하느님에 대한 순명과 헌신의 열망이 워낙 컸기에, 그 완전함에 도달하기 위한 계단이 자신에게는 너무나 가파르다는 사실을 깨달았다. 그래서 하느님께 다가가기 위한 더욱 단순하고도 성경에서 찾을 수 있는 방식을 알아냈고 결국 예수님께서 자신을 하느님께 들어올려 주실 수 있도록, 그분을 사랑하고 그분께 전적으로 자신을 내어 드리는 '작은 존재'가 되어야 함을 깨달았다. 데레사가 깨달은 '작은 길'은 끝없이 심오한 단순함으로, 복음의 정수인 겸손, 신뢰, 희생 그리고 하느님의 깊은 사랑 안에 머무는 것이었다. 이 깨달음은 천상 아버지이신 하느님과의 관계를 새롭게 변화시켰고, 이 물결은 점점 커져 오늘날까지도 전 세계에 영향을 끼친다.

데레사도 영적 메마름과 신앙을 약화시키는 유혹에 시달린 적이 있었다. 또한 폐결핵으로 인해 건강이 나빠져 큰 어려움을 겪었다. 하지만 이 어려움 가운데에서도 데레사는 하느님을 향한 사랑을 온 생애 동안 굳건히 이어나갔다. 데레사의 주치의가 "나는 이렇게 극심한 고통을 겪으면서도 이토록 초월적인 기쁨에 찬 사람을 본 적이 없습니다."라고 말할 정도였다.[4]

데레사가 하느님의 품으로 떠난 1897년 9월 30일 이전, 성녀는 자신의 생애와 영성의 다양한 측면을 담은 세 가지 작품을 썼고, 이는 사후에 '영혼의 이야기'라는 제목의 자서전으로 출간되었다. '작은 길'을 비롯한 여러 영적 주제에 관한 깊은 통찰이 담긴 이 책은 출간 즉시 유명해져서 세계적인 베스트셀러가 되었고, 60개 이상의 언어로 번역되었다.

데레사는 1925년 5월 17일에 시성되었고, 1997년 6월 10일에는 교회 학자로 선포되었다. 비오 10세 성인 교황은 성녀를 "현대 사회에서 가장 위대한 성인"이라고 칭송했고, 요한 바오로 2세 성인 교황은 신앙에 대한 성녀의 통찰을 "광대하고도 심오하다."라고 이야기했다. 데레사의 작은 길을 따르는 이들은 교파의 울타리를 뛰어넘어 퍼져 나갔으며, 성녀의 영성과 삶의 태도는 오늘날에도 여전히 많은 사람에게 영감을 불어넣고 있다.

차 례

소화 데레사 성녀의 생애　7

1장　작은 길을 걸어가며　17

하느님의 뜰에 자란 작은 꽃들 | 작은 길

어린아이같이 | 아무것도 아님을 깨닫는 것

뽐내는 일 없이 | 은총 | 우리에게 원하시는 것

완전한 행복 | 열매 | 내 안의 꽃 | 작은 이슬방울

아낌없는 호의 | 기쁨의 정원 | 깊은 바다

영원하신 말씀 | 사랑의 만화경 | 불꽃

순간의 빛줄기 | 선물 | 사랑의 길

작은 날개 | 유일한 열망 | 달콤한 포옹

보이지 않는 힘 | 단순하고도 완벽한 단어

한없이 낮아진 모습 | 겨자씨 | 그분을 사로잡는 법

발자국 | 성심의 사랑 | 노래

부르심 | 진정한 자애 | 새 계명의 길

형언할 수 없는 사랑 | 오직 마음 안에

기도의 힘 | 지렛대 | 불빛

진정한 신비 | 복음의 빛 | 주님의 가르침

인내로이 견디는 것 | 기적 | 간청

모든 것을 하신 분 | 행복한 일 | 성경

신뢰 | 가장 위대한 것 | 겸손의 마음

작은 덕행 | 고통 | 소박한 행위 | 기쁨

꽃을 뿌리는 것 | 영성 생활 | 자유

더 높은 곳 | 희망 | 천국 | 인생

주님의 팔 | 위안 | 돛단배 | 믿음 | 현재

사랑할 수 있는 기회 | 다양한 빛깔 | 빈손 | 소원

2장 작은 꽃의 마음 128

옮긴이의 말 151

주 156

1장

작은 길을
걸어가며

하느님의 뜰에 자란 작은 꽃들

우리 주님께서는 제게 자연이라는 책을 보여 주셨고, 저는 그분께서 만드신 모든 꽃이 아름답다는 사실을 깨닫게 되었습니다. 장미의 빼어남, 백합의 순백함 모두 제비꽃의 향기와 데이지꽃의 감미로운 소박함을 가리지 않습니다. 만약 모든 평범한 꽃이 장미가 되길 원한다면, 자연은 이내 봄철의 아름다움을 잃게 될 것이고, 들판은 더는 그 사랑스러운 색채를 지니지 못할 것이라는 사실을 저는 깨달았습니다. 이는 영혼들의 세상, 곧 우리 주님의 생생한 뜰과도 같습니다. 그분께서는 백합과

장미에 비견할 만한 위대한 성인들을 창조하시고 이에 기뻐하셨지만, 동시에 당신의 발치에 피어나는 제비꽃과 데이지꽃으로 머물기에 만족할 줄 아는 이들도 창조하셨습니다. 이들의 사명은 그분께서 거룩한 눈으로 자신을 바라보며 기뻐하시도록 하는 것입니다. 그뿐입니다. 이들이 이러한 주님의 뜻을 따르려 할수록, 그들은 더욱더 완전해질 것입니다.

또한 저는 하느님의 사랑이 매우 빼어난 영혼 못지않게 그분의 은총을 거부하지 않는 단순한 영혼 안에서도 잘 드러난다는 것을 알고 있습니다. 사랑은 자기 자신을 낮추는 행위에서 드러납니다. 만약 모든 영혼이 교회를 빛낼 거룩한 학자와 같다면, 하느님께서 그들에게 다가가실 때, 당신을 충분히 낮추시지 않으실 것입니다. 하지만 그분께서는 아무것도 모르고 매우 가냘프게 울 줄밖에 모르는 아기들과 양심의 도움 없이는 어떻게 살아야 할지 갈피를 잡지 못할 사람들을 창조하셨습니다. 바로 이들이 하느님께서 기꺼이 당신을 낮추어 내려오시는 사람들입니다. 이들은 그분을 사로잡을 소박함을 지닌 들꽃입니다. 그분께서 당신 자신을 낮추어 이들에게 내려오심에 따라, 우리 구세주께서는 그분의 한량없는 사랑을 드러내 보이셨습니다. 마치 태양이 향나무뿐만 아니라 작은 꽃을 모두 비추듯이, 그분의 거룩한 태양은 모든 영혼, 곧 큰 영혼뿐만 아니라 그분의 도움이 필요한 작은 영혼 모두에게 비칩니다. 모두가 그분의 보살핌 아래 있습니다. 마치 자연의 계절에 때가 차면, 가장 미소한 데이지꽃도 어김없이 꽃잎을 피우는 것과 같습니다.

작은 길

저는 늘 성인이 되고자 하는 열망이 있었습니다. 그러나 성인들과 저 자신을 비교하면, 제가 그들에 비해 하염없이 부족하다고 느꼈습니다. 마치 나그네가 밟는 모래알이 구름에 가려 정상이 보이지 않는 산에서 너무 멀리 떨어져 있는 것처럼 말입니다.

하지만 저는 낙담하는 대신, 하느님께서는 결코 실현할 수 없는 열망을 주시지는 않았을 것이란 사실, 그리고 제가 미소함에도 불구하고 거룩함을 갈망할 수 있다는 사실을 되새기게 되었습니다. 제게는 위대해지는 것이 불가능에 가깝습니다. 흠결투성이인 저라는 짐을 짊어지고 있기 때문입니다. 하지만 저는 천국에 다다르기 위해 작은 길을 찾을 것입니다. 매우 작고, 좁은 이 길은 완전히 새롭기도 합니다. 우리는 진정 새로운 길의 시대에 살고 있습니다. 오늘날 부유한 이는 높은 계단을 오르는 데 큰 어려움이 없습니다. 그들에게는 자신을 들어올려 줄 엘리베이터가 있기 때문입니다. 저 역시 저를 하느님께 들어올려 줄 무엇인가를 찾고자 합니다. 제 힘만으로 완덕이라는 그 가파른 계단을 오르기에는 제가 한없이 미소하기 때문입니다. 그래서 성경 안에서 제가 그토록 갈망하는, 저를 들어올려 줄 수 있는 방법을 찾습니다. 이와 관련된 말씀은 영원한 지혜 안에서 찾을 수 있습니다.

"어리석은 이는 누구나 이리로 들어와라!" (잠언 9,4)

이에 저는 주님께로 끌렸고, 마침내 제가 그토록 찾아

헤맸던 것을 발견했다는 확신이 들었습니다. 하지만 동시에 그분께서 이토록 미소한 제게 무엇을 해 주시려는지 알고 싶었고 더욱더 그 답을 찾고자 했습니다. 그리고 마침내 그 답을 알게 되었습니다.

"너는 내 품에 안겨 무릎 위에 놓일 것이다. 마치 어머니가 자기 자녀를 예뻐하듯이, 나 역시 너에게 그러할 것이다."
(이사 66,12-13 참조)

저는 이보다 더 부드럽고 감미로운 말로 위안을 받아 본 적이 없습니다. 예수님, 그렇다면 당신의 두 팔은 저를 안아 드시어 천국에까지 올려 주실 엘리베이터와 같습니다. 그곳에 가기 위해서 저는 더 이상 자랄 필요가 없습니다. 오히려 미소한 이로 머물러 있으며, 점점 더 작아져야 합니다.

어린아이같이

언젠가 "당신이 수많은 영혼에게 가르치고자 하는 작은 길이 무엇입니까?"라는 질문을 받았을 때, 저는 이렇게 대답했습니다.

"영적으로 어린아이같이 되는 길입니다. 그것이 바로 주님을 신뢰하는 길이자 자신을 완전히 그분께 맡기는 길입니다. 저는 제가 찾았던 방법이 항상 성공적이었다는 사실과, 우리가 행해야 할 것은 오직 한 가지라는 사실을 알려 주고 싶습니다. 바로 작은 희생이라는 꽃들을 예수님께 봉헌하며, 그분에 대한 사랑을 표현함으로써 그분을 사로잡는 것입니다. 이것이 제가 예수님을 얻게 된 방식이며, 제가 그분께 받아들여진 방식입니다."

아무것도 아님을 깨닫는 것

'미소한 존재로 남는다는 것'은 자기 자신이 아무것도 아님을 깨닫는 것을 의미합니다. 이는 모든 것을 하느님의 선의에 의탁하며, 우리 자신의 실수에 지나치게 속상해하지 않도록 하기 위함입니다. 이러한 영혼은 마침내 영적 보화를 얻지 못하더라도 초조해할 필요가 없으며, 모든 사소한 것에 마음을 쓰는 데 시달리지 않게 됩니다.

가난한 이들조차도, 자녀가 아직 어리다면 자녀에게 필

요한 것을 마땅히 주기 마련입니다. 하지만 자녀가 충분히 성장했다면 부모는 이전처럼 자녀를 양육하기보다는 독립하여 스스로 필요한 것을 얻도록 권합니다.

사실 저는 이 말을 듣고 싶지 않았습니다. 저는 자라길 원했던 적이 한 번도 없었습니다. 저의 생명, 영원한 생명을 제 힘으로 얻기에는 한없이 부족하다고 느끼기 때문입니다!

뽐내는 일 없이

저는 어렸을 때부터 온갖 고행을 행한 아름다운 영혼들을 닮지는 못하지만, 제 성향을 끊임없이 살피고, 이웃에게 성급히 반응하지 않으려 합니다.

수백 가지 화려한 일들을 하기보다는, 뽐내지 않고 이웃에게 작은 봉사를 이어 나갈 것입니다.

은총

당신이 스스로 부족함을 느낀다고 말했지만, 그것은 사실 은총입니다. 당신의 영혼에 스스로를 믿지 못하는 씨앗을 뿌리시는 분은 다름 아닌 우리 주님이시기 때문입니다.

결코 낙담하지 마십시오! 만약 당신이 작은 일들을 통해 그분께 기쁨을 드리는 데 소홀하지 않는다면, 그분께서는 분명 큰일들에서도 당신을 도우실 것입니다.

우리에게 원하시는 것

예수님께서는 우리에게 큰일들이 아니라 오직 감사와 자신을 내어 줄 것을 요구하십니다.

이것이 주님께서 우리에게 원하시는 전부입니다. 그분께는 우리가 이루어 낸 일이 아니라 우리의 사랑을 드려야 합니다.

완전한 행복

예수님께서는, 오직 당신만이 완전한 행복이심을 제게 알려 주셨기에 저는 그분께 모든 것을 드리길 원합니다.

모든 것을, 전부를 그분께 내어 드리기를!
비록 제가 아무것도 갖고 있지 않을 때에도, 저는 이 아무것도 갖지 않음조차 기꺼이 그분께 드릴 것입니다.

열매

　　당신은 자신의 노력이 맺은 열매를 보고 싶다고 말했습니다. 하지만 이것은 오히려 예수님께서 당신에게서 멀어지는 길입니다.

　그분께서는 어떤 거창한 것이 아닌, 우리의 미소한 덕행에서 생겨나는 열매를 조용히 음미하시길 원하십니다. 그것이 그분을 기쁘게 해 드립니다.

내 안의 꽃

첫영성체를 준비할 때, 저의 언니인 폴린은 제 마음속에 새로운 사랑의 바람을 불러일으키고 이를 새로이 꽃들로 채워야 한다고 가르쳐 주었습니다.

언니의 말에 따라 저는 매일 작은 희생과 사랑의 행위를 했고, 이는 제 안에 수많은 꽃을 가져다주었습니다.
제비꽃, 장미, 수레국화, 데이지꽃 그리고 물망초!
이 모든 자연의 꽃은 제 안에 거룩한 아기를 눕힐 요람을 만들어 주었습니다.

작은 이슬방울

주님께서 결코 '나는 정원에 핀, 지극한 사랑을 받는 장미'라고 말씀하시지 않고 '나는 들에 핀 풀꽃, 골짜기의 백합'이라고 말씀하셨다는 사실을 기억하십시오(아가 2,1 참조). 당신은 골짜기에 핀 아름다운 백합꽃 안에 감춰진 이슬과 같아야 합니다.

이슬방울만큼 단순하고 깨끗한 것이 어디 있겠습니까? 이슬은 거대한 구름에서 나온 것이 아니라, 별이 빛나는 하늘 아래에서 태어나 하룻밤을 지낸 결정체입니다. 태양이 타오르는 햇빛을 내뿜을 때면, 풀잎을 빛내 주는 이 미소한 진주들은 금세 가벼운 수증기로 사라집니다.

오직 하느님만 아시는 작은 이슬방울은 이 세상에서 거세게 굽이치는 강물을 전혀 개의치 않습니다! 복된 이슬은 초원 사이를 흐르는 청명한 개울도 부러워하지 않습니다. 설령 그 개울의 물결이 아름답게 보인다 할지라도, 그것은 그저 피조물에게만 그러할 뿐입니다. 게다가 들꽃은 자신의 술에 결코 그 물을 담을 수 없습니다.

이처럼 예수님께 다가가기 위해서는 아주 작아져야만 할 것입니다. 그러나 그토록 작고 알려지지 않은 존재가 되기를 원하는 이들은 그리 많지 않습니다. 그들은 이렇게 말합니다.

"강과 개울이 이슬방울보다 더 유용하지 않습니까? 이슬이 무슨 소용이 있겠습니까? 이것은 보잘것없는 들꽃에 잠시나마 생기를 불어넣는 것뿐입니다."

아, 그들은 들꽃의 참모습을 알지 못합니다. 만약 그들이 예수님을 알고 있다면, 그분께서 마르타에게 말씀하신 바를 더욱 잘 이해할 것입니다. 우리가 사랑하는 그분께서는 우리의 뛰어난 업적도, 우리의 고상한 고찰도 필요치 않으십니다. 만약 예수님께서 그토록 고상한 것들을 찾으신다면, 이미 이 세상의 그 어떤 **빼어난 천재**보다 한없이 더 우월한 지식을 가진 천사들을 곁에 두고 계시지 않습니까? 그분께서 우리에게 오시는 것은 그 어떤 지식이나 재능을 찾기 위해서가 아닙니다. 예수님께서는 당신이 단순함을 얼마나 사랑하시는지 보여 주시기 위해 한 송이 들꽃이 되셨습니다.

아낌없는 호의

정원지기가 열매가 빨리 익기를 애타게 바란다면, 그는 열매가 나무에 달린 광경을 보기 위해서가 아니라 열매를 아름답게 잘 차린 상 위에 올려놓기를 원하기 때문일 것입니다.

이와 같이 우리 주님께서는 당신의 작은 꽃에게 아낌없이 호의를 베푸십니다. 그분께서는 당신 자비를 우리 앞에 찬란하게 내어놓기를 원하십니다. 그분께서는 지상에 계실 때도, 이처럼 환희에 차 말씀하시지 않으셨습니까?

"아버지, 하늘과 땅의 주님, 지혜롭다는 자들과 슬기롭다는 자들에게는 이것을 감추시고 철부지들에게는 드러내 보이시니, 아버지께 감사를 드립니다."(루카 10,21)

기쁨의 정원

우리 마음을 자애로운 주님께서 오셔서 쉬실 수 있는 기쁨의 정원으로 만들어 봅시다. 우리 모두 이 정원에 백합을 심고, 십자가의 요한 성인이 알려 준 이 노래를 함께 부릅시다.

"나는 그곳에서 깊은 몰아에 빠졌습니다.
나는 내가 사랑하는 그분 위에 내 머리를 둔 채
나란 존재는 모두 잊어버리고 말았습니다. 다 잊고,
그저 백합들 사이에 그 모든 것을 내려놓았습니다."

가톨릭출판사 인터넷쇼핑몰 **www.CatholicBook.kr**

내 마음에
주님을 초대하는

가톨릭출판사
추천 도서

영성 생활을 풍성하게 하는
다양한 글과 자료를 만날 수 있습니다.

▶ 가톨릭북
📷 catholic_book
f catholicbook
✉ catholicbuk
💬 가톨릭출판사
   (catholicbook)

🌟 가톨릭출판사

교리, 신앙생활, 전례

4천 년의 기도, 단식 아델레 스카르네라
DOCAT 가톨릭 사회 교리서 YOUCAT 재단
YOUCAT 가톨릭 청년 교리서 오스트리아 주교회의
YOUCAT 견진 베른하르트 모이저, 닐스 바에르
YOUCAT 고해성사 클라우스 디크 외
YOUCAT 프렌즈 YOUCAT 재단
고해성사 길잡이 홍문택
교부들의 신앙 제임스 C. 기본스
구마 사제 체사레 트루퀴, 키아라 산토미에로
기적 파트리크 스발키에로
기적은 존재한다 베르나데트 모리오
무엇 하는 사람들인가 박도식
미사에 초대합니다 도미닉 그라시·조 파프로키
믿음의 기술 박도식
성숙한 신앙생활 정진석 추기경, 서울대교구 사목국
악마는 존재한다 프란치스코 교황
악령에 사로잡히다 마시모 첸티니
알기 쉬운 미사 해설 이기명
알수록 재미있는 그리스도교 이야기 박승찬
연옥 실화 막심 퓌상
예비 신자 궁금증 105가지 줄리아 크노프
우리는 혼자가 아닙니다 손희송
조선 순교자록 아드리앙 로네, 폴 데통브
주님을 찬양하라(때제의 묵상 노래) 자크 베르티어
천주교와 개신교 박도식
파티마 루치아 도스 산토스
프란치스코 교황과 함께 준비하는 고해성사 교황청 내사원
하느님과 트윗을 미헬 레메리

깊은 바다

개울이 흐르는 동안 마주한 모든 것을 깊은 바다에 흘려보내듯이

저의 예수님, 당신의 사랑이라는 광활한 바다에 뛰어드는 영혼은 그 모든 보화를 당신께 가져옵니다.

영원하신 말씀

오, 영원하신 말씀, 저의 구원자시여!
당신께서는 제가 사랑하는 거룩한 독수리,
저를 끌어당기시는 분.
이 귀양살이의 땅에 내려오시어,
우리 인간의 영혼을 구하시기 위해
기꺼이 수난하시고 돌아가시어,
지극히 찬미하올 삼위일체, 사랑의 영원한 거처이신
그 가운데에 우리를 이끄셨나이다.

사랑의 만화경

어렸을 때, 저는 만화경에 감탄하곤 했습니다. 이 장난감이 어떻게 이토록 매력적인 현상을 일으킬 수 있을지 궁금했습니다.

오랫동안 탐구한 끝에, 저는 이 놀라운 광경이 그저 만화경 안에 있는 몇몇 종이 조각과 천 조각으로 생긴 것임을 깨달았습니다. 더욱 자세히 살펴보다가 만화경의 원통 안에 세 개의 거울이 있다는 사실도 발견했습니다. 이렇게 저는 궁금증을 해결할 수 있었습니다. 이와 더불어 하나의 큰 진리를 깨달았습니다.

  비록 우리의 행위가 매우 사소해 보일지라도 사랑의 만화경 안에 들어가 있다면, 세 거울로 비유할 수 있는 삼위일체 하느님께서 그것들을 더없이 찬란하고 아름답게 만들어 주실 수 있다는 사실입니다. 이 만화경의 렌즈는 바로 예수 그리스도이십니다. 그분께서는 당신 자신을 통해 이 만화경 안을 들여다보시면서, 우리의 미소한 덕행의 완전성을 발견하십니다. 하지만 우리가 형언할 수 없는 그 사랑의 거처를 떠난다면, 그분께서는 더러운 천 조각과 티와 같은 보잘것없는 행위만 보실 것입니다.

불꽃

저는 예수님께서 저를 당신 사랑의 불꽃 안으로 끌어들이시어, 저를 당신과 매우 가까이 결합시켜 주시길 청했습니다. 그분께서 제 안에 사시어 제 안에서 활동하시길 원했기 때문입니다.

저는 사랑의 불이 제 마음을 불태울수록, "저를 이끄소서!" 하고 더 외칠 것입니다.

그리고 제게 가까이 오는 영혼 중 그분의 달콤한 향기에 이끌려 사랑하올 그분께 향하는 영혼들도 더욱 많아질 것입니다(아가 1,3-4 참조).

순간의 빛줄기

하느님께서는 한 영혼 안에서 당신 사랑의 일을 완성하기 위해 오랜 시간이 필요하지 않으십니다. 그저 당신 성심에서 나오는 순간의 빛줄기로도 당신의 꽃을 즉시 피워 내시고, 결코 시들지 않게 하실 수 있습니다.

선물

하느님께서는 제게 당신의 무한한 자비를 선물해 주셨고, 저는 이 형언할 수 없는 거울로 그분의 다른 면도 뵈올 수 있습니다. 그곳에서 발견할 수 있는 그분의 모든 것은 사랑으로 빛나 보였습니다. 그분의 정의 역시 다른 어떤 것보다도 더 사랑을 두른 것 같았습니다.

하느님께서 정의로우시다는 사실을 생각하는 것은 얼마나 기쁜 일인지요! 그분께서는 우리의 연약함을 헤아리시고, 우리의 본성이 지닌 부족함을 완벽히 아십니다. 그러니 제가 진정 무엇을 두려워할 필요가 있겠습니까?

무한한 정의이신 하느님께서 방탕한 아들의 죄를 그토록 사랑으로 용서하셨다면, '항상 그분과 함께 있는' 제게는 얼마나 더 그러하시겠습니까?(루카 15,31 참조)

사랑의 길

사랑의 길 위에서 빠르게 나아가는 유일한 방법은 바로 가장 작은 존재로 남는 것입니다. 이것이 제가 해 온 방법이며, 이제 저는 영적 아버지이신 십자가의 요한 성인과 함께 이렇게 노래할 수 있습니다.

"저는 더욱더 높이, 더 높이 올라가기 위해
제 자신을 그토록 낮추고, 더욱 낮춥니다.
전 이렇게 제가 추구했던 것에 다다르게 되었습니다!"

작은 날개

이토록 불완전한 제 영혼이 어찌 그 무한한 사랑을 갈망할 수 있겠습니까? 어찌하여 당신께서는 이러한 끝없는 갈망을 고결한 영혼들, 높게 솟아오르는 독수리와 같은 그 영혼들에게만 허락하지 않으셨습니까?

아아! 저는 그저 아직 깃털조차 완전히 자라지 않은 작고 어린 새일 따름입니다. 저는 독수리가 아닙니다. 그저 독수리의 눈과 마음을 지니고 있을 뿐입니다. 그렇지만 이러한 더없는 저의 미소함에도 불구하고, 저는 거룩한 사랑의 태양을 올려다보고, 그분께 솟아오르며 제 자신을 태우렵니다! 저는 독수리처럼 날고 싶지만, 제가 할 수 있는 전부는 그저 제 작은 날개를 들어 올리는 것뿐입니다. 솟아오르는 일은 여전히 힘에 부칩니다. 저는 약하기 때문입니다.

그렇다면 저의 운명은 어찌 되는 것입니까? 저는 제 무력함 때문에 슬퍼하며 죽어야 합니까? 안 됩니다! 그럴 수 없습니다! 저는 슬퍼하지조차 않겠습니다! 저는 대담하게 제 자신을 내려놓고, 죽을 때까지 그 거룩한 태양을 바라보며 그곳에 서 있으렵니다.

그 무엇도, 태풍도, 폭우도 저를 두렵게 할 수 없습니다. 혹여 앞이 보이지 않는 먹구름이 당신 사랑의 태양을 가릴지라도, 이 생애 너머에 그저 암흑만이 기다리는 것처럼 보일지라도, 그 시간은 오히려 제게는 완전한 기쁨의 시간, 제 확신이 가장 커지는 시간일 것입니다.

저는 제 시선을 결코 거두지 않을 것입니다. 그 어두운 먹구름 너머에 여전히 감미로운 당신의 태양이 비치고 있다는 것을 잘 알기 때문입니다.

유일한 열망

저의 하느님, 당신께서는 오직 제가 당신만을 사랑하길 원한다는 사실을 잘 아십니다. 이것은 언제나 저의 유일한 열망이었습니다.

물론 당신의 사랑은 제가 아이였을 때부터 항상 저를 앞섰습니다. 그리고 저와 함께 자라났으며, 지금은 제가 헤아릴 수 없을 정도로 제 안에 깊이 자리 잡았습니다.

사랑은 사랑을 끌어당깁니다. 제 사랑은 항상 당신에게

향하고, 그 심연을 넘쳐 오르게 하고 싶습니다. 아아! 그러나 그저 그 넓디넓은 바다에서의 한 방울 이슬조차 되지 못합니다.

당신께서 저를 사랑하시는 만큼 제가 당신을 사랑하기 위해서는, 그저 당신의 사랑을 제 것으로 만들 수밖에 없습니다. 이 방법으로만 제가 마음을 놓을 수 있습니다.

달콤한 포옹

예수님과 한 첫 포옹은 얼마나 달콤했는지요! 정말이지 사랑 그 자체의 포옹이었습니다. 저는 진심으로 제가 사랑받는다고 느끼며 이렇게 말했습니다.

"사랑합니다, 예수님! 저는 제 자신을 당신께 영원히 내어 드리겠습니다."

예수님께서는 제게 그 어떤 것도 요구하지 않으셨습니다. 오랜 시간 동안, 그분과 이 작은 데레사는 서로를 알며 잘 이해했습니다.

사실 그날, 그분과 저의 만남에는 단순히 서로를 알아본 것 이상의 의미가 있었습니다. 완전한 일치였기 때문입니다. 그분과 저는 더 이상 둘이 아니었습니다. 데레사는 마치 광활한 바다에 떨어진 하나의 물방울처럼 완전히 그분께 스며들었습니다. 오직 예수님만이 남으셨습니다. 그분은 영원한 주인이자 왕이십니다!

보이지 않는 힘

하느님의 자애로운 사랑에 제 자신을 봉헌한 후 며칠이 지났을 때, 저는 십자가의 길의 시작점에 있는 가대에 있었습니다.

이때 갑자기 불의 화살이 날아와 상처를 입은 듯한 느낌을 받았습니다. 그 불이 너무나 강렬한 나머지 죽을 것만 같았습니다.

이때의 감정을 어떻게 설명할 수 있을지 모르겠습니다. 이 불꽃의 강렬함에 비견할 만한 그 어떤 것도 떠오르지 않습니다.

마치 보이지 않는 힘이 저를 이 불꽃으로 강렬히 밀치는 것 같았습니다. 하지만 아! 얼마나 감미로운 불이었는지요!

단순하고도 완벽한 단어

당신은 제게 완전하게 되는 방법을 물어보셨습니다. 제가 드릴 수 있는 답은 오직 사랑뿐입니다! 우리의 마음은 사랑만을 위해 만들어졌습니다. 가끔 저는 사랑이라는 단어를 대체할 수 있는 표현을 찾으려고 합니다. 하지만 이 귀양살이의 땅에서 '시작과 끝이 있는 인간의 말'(아우구스티노 성인)로는 영혼의 심오한 감정을 제대로 담아낼 수 없기에, 이 단순하고도 완벽한 단어인 '사랑'을 간직해야만 함을 깨닫게 됩니다.

하지만 비천하기만 한 우리의 마음이 누구에게 이 사랑을 드려야 하겠습니까? 그리고 누가 이 보물에 합당하겠습니까? 이 사랑을 이해하실 수 있는 분, 무엇보다도 이 사랑을 갚아 주실 수 있는 분이 누구시겠습니까? 오직 예수님만이 이 사랑을 이해하실 수 있습니다. 그분만이 이 모든 것을 되돌려 주실 수 있습니다. 그분께서는 우리가 드릴 수 있는 사랑의 최대치보다 더 무한하게 갚아 주실 수 있습니다.

한없이 낮아진 모습

어떤 모습의 데레사가 가장 열정적일까요? 한없이 낮아진 모습일 것입니다. 낮아지면 낮아질수록 예수님과 더욱 가까이 결합하고, 모든 행동에 더욱 충실히 사랑을 더할 수 있을 것이기 때문입니다.

우리는 단 한 번의 희생의 기회라도 쉽게 놓쳐서는 안 됩니다. 모든 기회가 우리의 신심 생활에 큰 의미를 지니기 때문입니다.

사랑으로 핀을 집어 올리십시오. 그러면 당신은 한 영혼을 죄에서 건져 올리며, 그를 회개하게 할 수 있습니다. 예수님만이 우리의 행위를 그렇게 만드실 수 있습니다. 그러니 온 마음을 다해서 그분을 함께 사랑하십시오.

겨자씨

항상 우리를 굽어보시는 주님께서는, 겨자씨처럼 작은 믿음을 가진 이들에게 그들의 믿음이 더욱 커지길 바라시는 마음으로 기적을 허락하셨지만, 당신의 가장 가까운 친구들과 어머니에게는 그들의 믿음이 증명될 때까지 기적을 행하지 않으셨다고 가르쳐 주셨습니다.

주님께서는 마리아와 마르타가 라자로가 아프다는 소식을 전했음에도 불구하고 그가 잠들 때까지 계시던 곳에 계속 머무르시지 않으셨습니까? 카나의 혼인 잔치 때에도, 성모님께서 당신의 거룩하신 아드님께 과방장에게 도움을 주라고 청하실 때, 당신의 때가 아직 오지 않았다고 대답하지 않으셨습니까?

하지만 그 이후 일어난 일은 얼마나 놀라웠습니까! 물이 포도주로 변했고(요한 2,1-11 참조), 라자로가 죽음에서 되살아났습니다!(요한 11,1-45 참조)

그분을 사로잡는 법

예수님께서는 부드러운 시선, 사랑의 숨결만으로도 흡족해하십니다. 저는 예수님의 마음을 사로잡아 그분을 포로로 만드는 것이 완전함에 도달하는 쉬운 방법임을 깨달았습니다.

투정을 부리거나 말을 듣지 않아 어머니를 언짢게 하는 어린아이를 상상해 보십시오. 만약 아이가 구석으로 숨거나 비쭉거리거나, 혼날 것이 두려워 울기 시작한다면, 분명 그 아이의 어머니는 아이를 용서하지 않을 것입니다.

하지만 오히려 아이가 엄마에게 달려가 작은 팔을 뻗으며 "엄마, 안아 주세요. 다시는 안 그럴게요!"라고 한다면, 어떤 엄마가 그 아이를 사랑스럽게 껴안지 않겠으며, 아이를 곧바로 용서하지 않겠습니까? 물론 엄마는 아이가 잘못된 행동을 반복할 것이란 사실도 잘 알고 있습니다. 하지만 상관없습니다. 사랑하는 아이는 엄마의 마음을 사로잡자마자 벌을 받지 않을 것입니다.

아, 우리 역시 예수님을 사로잡는 법을 배우기를! 예수님은 사랑을 갈구하시는 하느님이시니! 그분께서는 당신의 사랑을 바라보며 행하는 가장 작은 행동이 바로 그분의 마음을 울리는 것임을 보여 주셨습니다.

만약 우리가 어떤 거창한 일을 해야만 한다면, 우리는 가엾은 처지가 될 것입니다. 하지만 우리는 정말 행복합니다. 예수님께서는 가장 미소한 행동에서도 기꺼이 우리에게 사로잡히시기로 마음먹으셨기 때문입니다.

발자국

우리 주님께서는 지금 천국에 계시기에, 저는 그분께서 남기신 발자국만을 따라갈 수 있습니다. 그 발자국에는 그분의 전 생애가, 그분의 향기가 충만히 담겨 있습니다. 저는 그저 거룩한 복음서를 펴고, 예수님의 향기를 맡을 뿐입니다. 그러면 저는 어느 길로 달려가야 할지 알게 됩니다. 제가 서둘러 향하는 곳은 첫자리가 아닌, 끝자리입니다. 첫자리에는 바리사이가 올라가도록 내버려둔 채, 저는 완전한 신뢰를 품고 세리의 겸손한 기도를 되뇌렵니다.

무엇보다도 저는 마리아 막달레나를 본받으렵니다. 주님을 기쁘게 한 그녀의 사랑 어린 당당함이 제 마음을 사로잡았기 때문입니다. 단순히 제가 죽을죄에서 보호받아 그로 인해 제 마음을 신뢰와 사랑 안에서 하느님께 들어 올릴 수 있기 때문이 아닙니다. 설령 제가 사람이 지을 수 있는 모든 죄를 양심에 짊어지고 있다고 느낀다 할지라도 조금의 확신도 잃지 않을 것입니다. 제 마음이 슬픔으로 무너질 때, 저는 제 구원자의 품에 제 존재를 내맡길 것입니다.

저는 주님께서 방탕한 아들을 사랑하신다는 것을 압니다. 저는 그분께서 마리아 막달레나에게 하신 말씀을 들었습니다. 간음한 여인과 사마리아 여인에게 하신 말씀도 들었습니다. 그 누구도 저를 두렵게 할 수 없습니다. 저는 그분의 자비와 사랑에 관해 무엇을 믿어야 할 줄 알고, 그토록 쌓여 있는 죄들도 용광로에 들어가는 작은 물방울처럼 한순간에 사라질 것이라는 사실을 알기 때문입니다.

성심의 사랑

예수 성심의 사랑을 깨달았을 때부터, 저에게 두려움은 모두 사라져 버렸음을 고백합니다. 제 결점을 기억하는 것은 저를 더 겸손하게 만들고, 실상 결점투성이인 제 힘에만 의존하지 못하도록 도와줍니다. 무엇보다, 이 체험은 제게 사랑과 자비를 알려 주었습니다.

어린아이와 같은 한 영혼이 자신의 잘못을 모든 것을 녹이는 사랑의 용광로 안으로 던져 버릴 때, 그것들이 얼마나 순식간에 사라져 버리겠습니까?

노래

제가 제 사랑을 증명할 수 있는 유일한 방법은 주님 앞에 꽃을 뿌리는 것입니다. 저는 아무리 작은 희생일지라도, 그 어떤 시선도, 그 어떤 말도 무의미하게 지나치지 않겠습니다. 저는 이웃을 위한 가장 작은 행동으로도 영적 이익을 취하고, 사랑으로 이를 행하려 합니다. 저는 사랑을 위해 고통을 당하길 원할 뿐만 아니라, 사랑을 위해 기뻐하기도 원합니다.

이렇게 저는 꽃을 뿌려 드립니다. 이 꽃잎을 당신 앞에 뿌려 드리지 않는 한, 저는 그 어떤 것도 얻지 못할 테니 말입니다.

저는 노래할 것입니다. 제 장미가 가시 안에 자리를 잡을지라도, 항상 노래할 것입니다. 가시가 더 크고 날카로울수록, 오히려 제 노래는 더욱더 감미로워질 것입니다.

부르심

교회의 신비체를 묵상할 때에, 저는 바오로 사도가 묘사한 교회 구성원 어느 부분에서도 저를 찾아볼 수 없었습니다. 어쩌면 모든 것 안에서 저를 찾으려 한 것은 아니었을까요?

자애가 제 부르심의 열쇠였습니다. 저는 교회가 다양한 구성원으로 이루어진 신비체였던 내내, 가장 고결하고 중요하게 여기는 부분들은 결코 부족했던 적이 없었다는 사실을 알게 되었습니다. 더불어 사랑은 모든 부르심을 포

용한다는 것도 깨달았습니다. 이 사랑은 모든 것을 향하며 모든 세대도, 지상의 그 어떤 아득한 한계도 초월합니다. 사랑은 영원하기 때문입니다.

그리하여, 저는 기쁨에 겨워 외칩니다.
"오 예수님! 제 사랑이시여, 마침내 저는 제 성소를 찾았습니다. 제 성소는 바로 사랑입니다! 그렇습니다. 저는 제 자리를 교회의 품, 이곳에서 찾았습니다. 오, 저의 하느님, 당신께서, 다름 아닌 당신께서 제게 이 사랑을 주셨습니다. 제 어머니이신 교회의 심장 안에서, 저는 사랑 자체가 될 것입니다! 이렇게 저는 모든 것이 될 것입니다. 이렇게 제 꿈은 이루어질 것입니다."

저는 비록 미약하고 무력한 아이일 뿐이지만, 오 예수님, 바로 이 약함이 제 자신을 감히 당신 사랑의 희생양으로 바치게 합니다.

진정한 자애

저는 이전에 주님께서 하신 이 말씀을 헤아리지 못했습니다.

"둘째도 이와 같다. '네 이웃을 너 자신처럼 사랑해야 한다.' 는 것이다."(마태 22,39)

저는 무엇보다 하느님을 사랑하는 데에 전심했고, 결국 다음 말씀의 숨겨진 의미를 발견할 수 있게 만들어 준 것도 바로 그분을 사랑하는 것이었음을 깨달았습니다.

"나에게 '주님, 주님!' 한다고 모두 하늘나라에 들어가는 것이 아니다. 하늘에 계신 내 아버지의 뜻을 실행하는 이라야 들어간다."(마태 7,21)

저는 진정한 자애는 제 이웃의 모든 결점을 참아 주는 것으로 이루어짐을 압니다. 그들의 결점에서 놀라는 것이 아니라, 그들의 작은 장점에서 배우는 것입니다.

새 계명의 길

　　　　　　지금 제 모습이 비록 결점으로 가득 차 있을지라도 결코 저를 놀라게 하지 못하고, 제가 그토록 연약할지라도 이것이 저를 근심케 하지 못할 날이 올 것입니다.

오히려 저는 이 안에서 영광스러워질 것이며, 매일매일 제 부족함을 찾기를 바랄 것입니다. 아니, 저는 고백합니다. 이러한 저의 부족함을 비추는 빛들이 제 믿음에 관한 것들을 비추는 빛보다 더 유익할 것입니다. 사랑은 많은 죄를 덮어 준다는 사실(1베드 4,8 참조)을 기억하며, 주님께서 복음 안에서 우리에게 열어 주신 이 풍요로운 광맥에서 많은 것을 캐내렵니다.

그리고 저는 그분의 경이로운 말씀의 가장 깊은 곳을 비집고 들어가, 다윗 임금과 함께 "당신께서 제 마음을 넓혀 주셨기에 당신 계명의 길을 달립니다."(시편 119,32)라고 외칠 것입니다. 자애만이 우리의 마음을 더 넓게 만들 수 있습니다.

오 예수님! 이 감미로운 불꽃이 제 마음을 태우기에, 저는 당신께서 주신 새 계명의 길(요한 13,34 참조)을 따라 기쁜 마음으로 달려갑니다.

형언할 수 없는 사랑

주님께서는 제가 당신을 사랑하길 원하십니다. 그분께서 '많은' 죄가 아닌 '모든' 죄를 용서해 주셨기 때문입니다.

그분께서는 그저 제가 당신을 많이 사랑하기를 기다리지 않으십니다. 마리아 막달레나가 그러했듯이(루카 7,47 참조) 그분께서 사려 깊은 사랑, 형언할 수 없는 사랑으로 얼마나 저를 사랑하시는지 알려 주십니다.

그리하여 제 사랑 역시 한계를 모르기를 원하십니다.

오직 마음 안에

사랑의 길은 더없이 감미롭습니다.

비록 사람은 때로는 실패하고,
은총에 충실치 못할 수도 있으나,
사랑은,
모든 것에서 이익을 취할 줄 아는 사랑은,
예수님을 슬프게 하는 것은 재빨리 없애 버리고,
오직 마음 안에 깊고 겸손한 평화만을 남깁니다.

기도의 힘

진정 기도와 희생 안에 모든 힘이 있습니다. 기도와 희생은 세상에서 가장 강한 무기입니다. 저는 이러한 것들이 수많은 말보다도 더 마음을 움직인다는 것을 경험을 통해 알게 되었습니다.

기도의 힘은 얼마나 놀랍습니까! 기도는 왕에게 자유롭게 다가가 원하는 것을 모두 청해 얻는 여왕과 같습니다.

저는 읽는 법을 아직 배우지 못한 아이와 같이 행동합

니다. 단지 주님께 제가 원하는 것만을 말씀드립니다. 그러면 그분께서는 항상 제 부탁을 들어주십니다.

저에게 기도는 마음이 고양되는 순간이자, 하늘을 바라보는 것이며, 기쁨과 슬픔이 동시에 얽힌 사랑과 감사의 외침입니다. 다시 말해 기도는 어떤 고상하며 초월적인 것으로 제 영혼을 더 크게 만들어 하느님과 결합시킵니다.

지렛대

그리스의 철학자이자 수학자인 아르키메데스는 "나에게 지렛대와 받침대만 준다면, 세상을 들어 보이겠소."라고 말했습니다.

그가 하느님을 언급하지 않은 채 오직 물질적인 목표만 갖고 있었기에 얻지 못한 것을, 성인들은 충만하게 얻었습니다.

성인들은 하느님의 전능하신 힘 자체에 의존했습니다. 그들의 지렛대는 사랑의 불로 타오르는 기도였습니다. 그들은 이 지렛대를 통해 세상을 들어 올렸습니다.

불빛

얼마 전 한밤중에 매우 희미하게 깜빡이는 불빛을 보았습니다. 수도원 자매 중 한 사람이 가까이 와 아주 작은 불을 초에 붙였을 때, 그 불빛은 온 공동체 안에 퍼져 나갔습니다. 그때 저는 이렇게 묵상했습니다. '그 누가 감히 주님께서 행하신 좋으신 일들 안에서 영광을 누릴 수 있겠습니까? 이 매우 연약한 불빛이, 온 땅에 불을 지필 수 있습니다.'

우리는 종종 화려한 촛대 위에서만 은총을 받고 거룩히

빛날 것이라고 생각합니다. 하지만 그 불빛은 어디에서 오는 것입니까? 기도에서, 마치 꺼져 가는 불꽃처럼 사람들 눈에는 잘 띄지 않는 내면의 빛을 지닌 겸손한 영혼에서, 그저 허황된 영광은 부질없는 것으로 보는, 감춰진 덕을 지닌 영혼에서 나옵니다.

 어떤 신비가 우리에게 드러날 것인지요! 저는 종종 그토록 작은 제 영혼이, 천국에서야 알 만한 그토록 넘치는 은총에 빚지고 있음을 느낍니다.

 당신은 위대한 성인들이, 자신이 그 모든 작은 영혼들에게 빚진 것을 보며 비할 데 없이 큰 사랑을 줄 것이라고 생각하지 않습니까? 저는 천국의 우정은 그토록 감미롭고 놀라움으로 가득 차 있다고 확신합니다. 사도나 교회 학자의 절친한 친구가 양 치는 소년이 될 수도 있고, 단순한 어린아이가 놀랍게도 성조들과 가장 가깝게 일치할 것입니다. 저는 그 사랑의 왕국에 들어가길 갈망합니다!

진정한 신비

요즘 저는 영혼들의 구원을 위해 제가 감내할 수 있는 것은 무엇일까 생각했는데, 이 복음 말씀이 제게 빛을 주었습니다. 수확할 밭을 가리키며, 예수님께서는 제자들에게 이렇게 말씀하셨습니다.

"눈을 들어 저 밭들을 보아라. 곡식이 다 익어 수확 때가 되었다."(요한 4,35)

그리고 이렇게도 말씀하셨습니다.

"수확할 것은 많은데 일꾼은 적다. 그러니 수확할 밭의 주인님께 일꾼들을 보내 주십사고 청하여라."(마태 9,37-38)

여기에 진정 신비가 존재합니다. 예수님께서는 전능하신 분이 아니셨는지요! 피조물은 자신을 만드신 그분께 속해 있지 않습니까? 그런데 어찌하여 그분께서는 "수확할 밭의 주인님께 일꾼들을 보내 주십사고 청하여라."라고 말씀하신 것일까요?

그것은 우리를 향한 그분의 사랑이 측량할 길 없이 깊고 너무나 감미로운 나머지, 당신이 행하시는 모든 것을 저희와 나누길 원하시기 때문입니다. 이 세상의 창조주이신 그분께서는 수많은 영혼을 구원할 수 있는 미천한 한 영혼의 기도를 기다리십니다. 그 기도로 수많은 영혼이, 그 미천한 영혼과 같이 주님께서 흘리신 피로 속량을 받을 수 있습니다.

복음의 빛

제가 기도 시간 중에 가장 많은 도움을 받는 곳은 바로 복음입니다. 저는 복음 안에서, 제 비천한 영혼에 필요한 모든 것을 길어 올립니다. 복음 안에서 항상 새로운 빛과 신비로운 뜻을 발견합니다. 저는 알고 체험했습니다. '하느님의 나라가 우리 안에 있다'는 사실을 말입니다(루카 17,21 참조).

주님께서는 우리의 영혼을 이끄실 때 스승이나 책의 도움이 필요 없으십니다. 모든 스승의 스승이신 그분께서는 우리를 이끄시기 위해 장황하게 말씀하실 필요가 없으십니다.

저는 주님께서 말씀하시는 것을 직접 듣지는 못했지만, 그분께서 저와 함께 계심을 압니다. 그분께서는 항상 제 곁에서 저를 이끄시고 제게 영감을 주셨습니다. 제가 그분의 은총이 필요할 때면, 그때까지 보이지 않았던 그분의 빛이 어느새 제게 들어왔습니다. 이는 제 기도 안에서만이 아니라 일상생활을 하는 중에도 그러했습니다.

주님의 가르침

주님께서는 제게 이런 것도 알려 주셨습니다.

"달라고 하면 누구에게나 주고, 네 것을 가져가는 이에게서 되찾으려고 하지 마라."(루카 6,30)

청하는 모든 이에게 주는 것은 내가 내켜서 주는 것만큼 쉬운 일은 아닙니다. 만약 누군가 우리에게 애걸하며 무엇인가를 청한다면 그나마 쉽게 줄 수 있습니다. 하지만 반대로 무례한 태도로 무엇인가를 요구한다면, 완전한 애덕을 지니고 있지 않는 한, 우리 안에서는 필연적인 거부감이 생길 것이며, 상대방의 요구를 거절하는 데 조금의 변명도 필요 없을 것입니다. 또한 우리에게 청하는 누구에게나 주는 것이 어렵다고 한다면, 되받을 보증 없이 우리의 것을 주기는 더더욱 어려울 것입니다.

저는 주는 것이 어렵다고 말했습니다. 하지만 "정녕 내 멍에는 편하고 내 짐은 가볍다."(마태 11,30)라고 하신 주님의 말씀으로 인해, 이것이 단지 어렵게 보일 뿐이라고 할 수 있습니다. 만약 우리가 이 멍에를 지기로 한다면, 우리는 단숨에 그 멍에에서 오는 달콤함을 체험할 것입니다.

인내로이 견디는 것

우리는 가장 낮은 자리를 부러워하지 않습니다. 따라서 그곳에는 허영심도, 영혼의 시련도 없습니다.

"인간은 그 길을 걸으면서도 자신의 발걸음을 가늠 수 없습니다."(예레 10,23)

우리는 가끔 화려한 것을 찾는 자신을 발견합니다. 그럴 때에는 완전한 겸손함으로 불완전한 이들 사이에서 자리를 잡고, 우리 자신을 항상 하느님의 선하심에 의해 지탱되어야 할 작은 영혼으로 바라봅시다. 그 순간부터 주님께서는 우리의 보잘것없음을 완전히 인정하는 모습을 보시며, 다음과 같은 부르짖음을 들어주실 것입니다.

"'내 다리가 휘청거린다.' 생각하였을 제 주님, 당신의 자애가 저를 받쳐 주었습니다."(시편 94,18)

주님께서는 당신의 손을 우리에게 뻗어 주십니다. 하지만 만약 우리가 불완전한 열정으로 가득 차 어떤 거창한 것을 이루려 한다면, 그분께서는 우리를 다시 내버려 두실 것입니다. 따라서 우리에게는 우리 자신을 낮추고, 우리의 불완전함을 인내로이 견디는 것만으로 충분합니다. 이러한 태도에 바로 진정한 거룩함이 있습니다.

기적

만약 베드로 사도가 몇몇 작은 물고기라도 잡았다면, 우리의 거룩한 스승께서는 기적을 행하지 않으셨을 것입니다. 사도가 한 마리도 잡지 못했기에, 하느님의 선하심과 힘으로, 베드로의 그물에는 엄청난 양의 고기들이 가득 차게 되었습니다(루카 5,1-11 참조).

이것이 바로 우리 주님의 길입니다. 그분께서는 신적 관대함으로 후하게 베풀어 주시지만, 우리에게 자신을 낮추기를 요구하십니다.

간청

만약 제가 "나는 이러이러한 성덕을 얻었고, 이를 실행할 수 있다."라고 말한다거나, "오, 하느님, 당신께서는 제가 당신을 그토록 사랑하기에 믿음에 반하는 생각은 일절 할 수 없음을 아십니다."라고 이야기한다면, 저는 가장 강력한 유혹의 위험에 즉시 빠져들 것이고, 분명 굴복할 것입니다. 이러한 불행을 막기 위해, 저는 마음으로부터 겸손하게 다음과 같이 말할 수밖에 없습니다.

"저의 하느님, 당신께 제가 믿음을 잃지 않도록 간청합니다."

저는 베드로 사도가 넘어졌음을 분명 압니다. 사도는 신적인 힘에 의지하기보다, 자신의 열정적인 기질에 지나치게 의존했던 것입니다. 만약 사도가 "주님, 제게 죽음에 이르기까지 당신을 따를 수 있는 힘을 주십시오."라고 말했다면, 은총은 사도와 함께 있었을 것입니다.

모든 것을 하신 분

예수님께서 제 작은 영혼 안에서 기쁨을 느끼시는 것은 제가 저의 보잘것없음을 사랑하고, 그분의 자비를 제가 전적으로 믿는 것에서 옵니다.

저는 매우 작고 연약했기에, 예수님께서는 제게 내려오시어 저를 당신 사랑의 신비로 자애로이 이끌어 주셨습니다. 제 안에서 모든 것을 하신 분은 예수님이셨으며, 저는 그저 작고 약한 모습을 지닌 것 외에는 아무것도 하지 않았습니다.

행복한 일

우리 주님께서 저를 만드신 것은 얼마나 행복한 일이며, 이 땅에서 그분께서 우리에게 베풀어 주시는 것은 얼마나 좋고 감미롭습니까! 그분께서는 항상 제가 갈망하는 것을 선물해 주셨습니다. 아니, 그분께서는 당신이 제게 주고자 하시는 바를 원하도록 저를 이끌어 주셨습니다.

믿음을 거스르는 끔찍한 유혹이 다가오기 얼마 전에, 저는 특별히 이야기할 만한 외적 시련이 얼마나 제게 주어졌는지 생각했습니다. 그리고 만약 제게 내적 시련이 있었다면, 하느님께서는 분명 제 길을 바꾸어 놓으셔야 했을 것이지만, 실제로는 그렇게 하지 않으실 것이라고 생각했습니다. 하지만 저는 언제나 편안하게 살 수는 없었습니다. 그렇다면 그분께서는 어떠한 수단을 사용하실까요?

저는 이 답을 얻기 위해 오래 기다릴 필요가 없었습니다. 제가 사랑하는 주님께서는 절대 갈팡질팡하지 않으십니다. 그분께서는 제 길을 바꾸지 않으셨습니다. 그분께서는 제게 큰 시련을 주셨으나, 모든 달콤함과 더불어 치유의 쓴맛을 함께 주셨습니다.

성경

　　　　　때때로 완덕이라는 목표가 수많은 방해물에 가로막혀 있다고 이야기하는 책을 읽을 때면, 제 비천한 작은 머리는 금세 지쳐 버리곤 합니다. 그럴 때면 저는 머리를 지치게 하고 마음을 메마르게 하는 이 글로 배우는 보화를 잠시 덮어 두고, 성경으로 돌아갑니다. 그러면 모든 것이 명확해지고 편안해집니다.

　성경에서는 단 한 단어로도 무한한 전망을 열어 줍니다. 따라서 그것만으로도 충분하고, 완덕 역시 부담스럽지 않게 보입니다. 저는 여기에서 우리의 보잘것없음을 인정하고, 우리에게는 좋으신 하느님의 팔 안으로 아이처럼 뛰어들어 가는 것이면 충분하다는 사실을 깨닫습니다.

제가 이해하기 힘들고, 실천하기에는 더더욱 어려운 고상한 책들은 위대하고 고결한 사람들에게 맡기고, 저는 저의 작음을 보고 기뻐하렵니다. 왜냐하면 '하늘나라의 식탁에는 어린이와 같은 사람들만이 합당할 것이기 때문'입니다(마태 18,3; 19,14 참조).

신뢰

주님, 당신께서는 제 연약함을 알고 계십니다. 매일 아침, 저는 겸손해지길 다짐하다가도, 저녁때면 자주 교만으로 인해 죄책감을 느꼈던 것을 깨닫습니다. 이러한 결점을 보는 것은 저를 낙담하게 합니다.

하지만 저는 압니다. 그 낙담조차도 다른 모습의 교만이라는 것을 말입니다.

따라서 저는 원합니다. 오 하느님! 당신을 전적으로 신뢰하기를 말입니다. 당신께서는 모든 것을 하실 수 있으니, 제 영혼에 감히 제가 원하는 덕을 심어 주시기를 청합니다. 저는 이를 당신의 무한한 자비로부터 얻기 위해, 당신께 자주 이렇게 말씀드리려고 합니다.

"예수님, 온유하시고 겸손하신 성심이시여, 제 마음을 당신과 같이 만들어 주소서."

가장 위대한 것

저는 지금 허영의 죄에 빠지기에는 너무나 작습니다. 제 겸손을 그저 미사여구로 증명하려 하기에도 너무나 미소합니다.

따라서 저는 그저 단순하게 '전능하신 분께서 제게 위대한 일들을 하셨습니다.'(루카 1,49 참조)라는 사실을 인정하고자 합니다.

그중 가장 위대한 것은 주님께서 저의 작음과, 제가 모든 선에 있어 얼마나 부족한지를 보여 주신 것입니다.

겸손의 마음

예수님께서는 어떤 영혼들에게 당신의 선물을 풍성히 베푸시는 것을 좋아하십니다. 이는 다른 영혼들도 당신께 이끄시기 위함입니다. 자비 안에서, 예수님께서는 그들을 내적으로 겸손케 하시고, 그들이 자신의 보잘것없음과 더불어 당신의 전능하신 힘을 느낄 수 있도록 부드럽게 인도하십니다.

이 겸손의 마음은 주님께서 모두가 불멸의 아름다움으로 치장하고, 아무 위험 없이 하늘나라 식탁에 앉게 될 그 복된 날을 향해 서둘러 마련하시는 은총의 알갱이입니다.

작은 덕행

우리는 반드시 작은 덕행부터 실천해야 합니다. 이렇게 하는 것이 가끔은 어렵지만, 하느님께서는 결코 자기 극복을 위한 용기라는 첫째 은총을 거절하지 않으십니다. 만약 어떤 영혼이 그 은총에 화답한다면, 단번에 자신이 하느님의 빛 안에 있음을 알 것입니다.

우리는 출발점에서부터 용기를 바탕으로 행동해야 합니다. 이를 통해 마음은 힘을 얻고, 승리에 승리가 뒤따르게 됩니다.

고통

이 세상에서 고통 없이는 열매도 없습니다. 그것이 육체적 고통이든, 남모를 슬픔이든, 때로는 하느님만 알 수 있는 시련이든 마찬가지입니다.

성인들의 삶을 살펴보는 가운데 좋은 생각과 결심이 우리 영혼 안에서 솟아오를 때, 우리는 세속적 책을 읽을 때처럼 그 작가의 천재적 재능에 감탄하는 데에 그쳐서는 안 됩니다. 그보다는 성인들이 이루어 낸 초자연적 선을 얻기 위해 감내했을 많은 것을 생각해야 합니다.

소박한 행위

제 말을 믿으십시오. 그 어떤 신심 깊은 서적을 쓴다 해도, 더없이 숭고한 시를 쓴다 해도, 이 모든 것은 자기 낮춤이라는 가장 소박한 행위에 비견될 수 없습니다.

기쁨

만사에 최악을 상정하는 사람들이 있습니다. 하지만 저는 이와 반대로 행동합니다.

저는 항상 모든 것의 좋은 면을 바라봅니다. 제가 고통스러울 때, 조금의 위안이 없다 해도, 저는 이것을 오히려 저의 기쁨으로 여깁니다.

꽃을 뿌리는 것

꽃을 뿌리는 것! — 그것은 모든 희생.
제 가장 가벼운 한숨과 무거운 고통의 순간,
가장 슬픈 순간조차 주님 당신을 위한 것입니다.

저의 희망, 저의 기쁨, 저의 기도조차
저는 절대 셈하지 않겠습니다.
단지 저의 꽃을 보아 주십시오!
형언할 수 없는 기쁨과 함께,
당신의 아름다움은 제 영혼에 가득 차게 되었습니다.

아아, 제가 이 사랑의 불꽃을,

살아 있는 모든 이의 마음에 붙일 수 있다면!

이를 위하여 제 가장 예쁜 꽃을,

제 수중에 있는 모든 것을,

얼마나 큰 사랑으로 기쁘게 드릴 수 있는지요!

꽃을 뿌리는 것! — 그것은 곧 당신을 이야기하는 것!

눈물이 모든 시간을 채우는 이곳에서

저는 유일한 기쁨인 당신을 말하고 있지만,

곧 저의 영혼은 천사의 안내를 받으며

자유롭게 꽃을 뿌리게 될 것입니다.

영성 생활

만약 제가 부유한 사람이었다면, 굶주리고 가난한 사람에게 먹을 것을 주지 않고는 그를 바라보지 못했을 것입니다. 이것은 제 영성 생활의 방식이기도 합니다.

지옥의 문턱에 있는 영혼들이 아주 많습니다. 제 수중에 재물이 들어오면, 그것들은 이러한 불쌍한 죄인들에게 뿌려집니다. 저에게는 '저는 이제 제 자신을 위해 일할 것입니다.'라고 말할 수 있었던 시간이 온 적이 없습니다.

자유

몇 년 동안, 저는 제 자신에게 얽매이지 않았습니다. 그저 예수님께 저를 온전히 내맡겼고, 그분께서는 당신이 기뻐하실 모든 일을 저와 함께 자유롭게 행하셨습니다.

더 높은 곳

저는 시련이 이 지상에 속한 것들로부터 멀어지게 하는 데에 큰 도움을 준다는 사실을 깨달았습니다. 시련은 이 세상보다 더 높은 곳을 바라보도록 우리를 이끌어 줍니다.

이 지상에서 우리는 그 어떤 것에도 만족할 수 없습니다. 따라서 하느님의 뜻에 우리 자신을 굳건히 할 때에만 안식을 찾을 수 있습니다.

희망

그저 좋으신 하느님의 모습만을 생각하는 것으로는 부족합니다. 하느님께서는 전능하시고, 매우 자비로우시기 때문입니다.

우리가 이 모든 모습을 지니신 하느님 안에서 희망을 둘 때에, 그분께서는 우리를 받아 주실 것입니다.

천국

나의 천국은,
내 안에 나를 창조하신
위대하신 하느님과 닮음을 느끼는 것.
나의 천국은, 그분의 현존 안에 영원히 머무는 것.
또 나 그분의 자녀이듯,
그분을 아버지로 부르는 것.

하느님의 거룩한 팔 사이에서,
그분의 거룩한 얼굴 가까이에서 누리는 안정,

그분의 품에서 쉬고 있다면,

그 어떤 풍파에도 나 두렵지 않으리.

완전한 자기 포기, 이것이 나의 유일한 법.

이곳에 있는 나의 천국을 보십시오!

인생

인생은 지루한 것이 아닙니다. 오히려 매우 즐거운 것입니다. 혹 당신이 '귀양살이(곧 지상 생애)가 지루한 것'이라고 말한다면, 저는 이해할 수 있을 것입니다.

끝이 정해져 있는 것을 두고 '인생'이라고 부르는 것은 마땅치 않습니다. 그런 말은 오직 천국의 기쁨, 절대 사라지지 않는 기쁨을 말할 때에만 사용되어야 합니다. 이 진정한 의미 안에서, 인생에는 슬픔이 아니라 기쁨, 오직 가장 큰 기쁨이 있을 뿐입니다.

주님의 팔

저는 이 일이 제 힘을 넘어서는 것이라는 사실을 금세 알 수 있었습니다. 마치 겁에 질린 아이들이 아버지의 어깨에 얼굴을 파묻듯이, 저는 저 자신을 주님의 팔에 망설임 없이 던집니다.

제가 제 힘만으로는 그 어떤 것도 할 수 없다는 사실을 깨달은 것은 제 일을 오히려 더 쉽게 만들어 주었습니다.

제 유일한 내적 과업은, 오로지 저를 하느님께 더 가까이 일치시키는 것입니다. 나머지는 자연스럽게 따라올 것임을 알기 때문입니다.

위안

많은 경우 삶은 고되고 쓰디씁니다. 고역스러운 하루를 시작하는 것은, 특히나 예수님께서 당신 자신을 우리의 사랑으로부터 감추실 때 더욱 견디기 힘든 법입니다. 과연 우리의 사랑스러운 벗이신 예수님께서는 어떤 분이십니까? 그분께서는 우리를 짓누르는 괴로움과 짐에서 눈을 돌리시는 분이실까요? 왜 그분께서는 우리에게 다가와 위안을 주시지 않을까요?

두려워하지 마십시오. 예수님께서는 우리 가까이 계십

니다. 저는 확신합니다. 그분께서 우리에게 쓰디쓴을 주는 아픔을 감내하시는 이유는, 우리가 그분이 어떤 분이신지 제대로 깨닫게 만드는 유일한 수단임을 아시기 때문입니다. 아픔은 결국 우리를 거룩하게 만들 것입니다! 우리의 영혼은 진정 위대해지고, 우리의 운명은 영광스러울 것입니다.

우리 자신을 이 지상적인 것들 위로 드높이 들어 올립시다! 저 위에는 매우 맑은 공기가 있습니다. 예수님께서는 당신 자신을 숨기실 수도 있으나, 우리는 그분께서 그곳에 계심을 알고 있습니다.

돛단배

태양이 그 영광의 흔적을 남기며 넓은 대양 뒤로 저무는 것처럼 보일 때, 저는 폴린 언니와 함께 바위 위에 앉아 황금빛 석양을 오랫동안 바라보았습니다. 언니는 이 석양이 세상에 있는 신심 깊은 영혼의 길을 비추는 은총의 형상과 같다고 이야기한 적이 있습니다.

그래서 저는 제 영혼을 우아한 작은 돛을 달고 파도를 타는 돛단배로 상상했습니다. 저는 결코 예수님을 바라보는 시선을 거두지 않을 것입니다. 그리고 천국의 물가를 향해 빠르고, 평화롭게 나아갈 것입니다.

믿음

제가 영적 메마름의 상태에 있을 때, 기도할 수도 없고 덕행을 실천하기도 힘들 때, 나의 예수님을 기쁘게 해 드릴 수 있는 작은 기회, 사소해 보이는 일들을 찾습니다. 예를 들어 제가 침묵하고 싶고 권태로울 때, 미소를 짓고 배려하는 말을 하려고 합니다. 그러한 기회조차 없다면, 저는 적어도 예수님을 사랑한다고 그분께 계속해서 말합니다.

결코 어렵지 않습니다. 이러한 행동은 제 마음 안의 살아 있는 불꽃을 활활 타오르게 만듭니다. 비록 이 사랑의 불이 죽은 것처럼 보일지라도, 저는 이 재 위에 제 작은 지푸라기를 계속 던질 것입니다. 이렇게 다시금 불꽃이 일어날 것이라는 믿음 안에서 말입니다.

현재

사랑의 길을 달리는 우리는 절대 그 어떤 것에서도 낙담해서는 안 됩니다. 만약 제가 순간순간을 살아내지 못한다면, 인내하는 것은 제게 불가능에 가까울 것입니다.

하지만 저는 현재만 바라봅니다. 과거는 잊고, 미래를 섣불리 예단하지 않도록 조심합니다. 우리가 만약 낙담이나 절망에 빠진다면, 많은 경우 이는 과거나 미래에만 과하게 매몰되어 있기 때문입니다.

사랑할 수 있는 기회

우리가 해야 할 것은 바로 이것뿐입니다. 즉 예수님을 사랑하고, 그분을 위해, 그분께서 더 사랑받으시도록 많은 영혼을 구하는 것입니다.

우리는 예수님께 기쁨을 드릴 수 있는 가장 작은 기회조차도 쉬이 놓쳐서는 안 됩니다. 그리고 그분에게서 아무것도 거절해서는 안 됩니다. 예수님께서는 그토록 사랑을 필요로 하십니다.

다양한 빛깔

저는 수많은 아름다운 수평선을, 그곳에서 셀 수 없이 다양한 빛깔을 봅니다. 이 빛깔은 오직 거룩한 화가이신 주님의 팔레트만이 줄 수 있는 색입니다. 이 어두운 지상 생활이 끝난 뒤, 저는 이 색으로 제 영혼이 볼 수 있는 경이로움을 그릴 것입니다.

빈손

인생의 황혼기가 다가올 때, 저는 빈손으로 당신 앞에 서겠습니다. 하느님, 저는 제가 한 것들에 대해 당신께 셈을 청하지 않을 것이기 때문입니다. 우리의 모든 의로운 업적은 당신의 눈에는 그저 흠결투성이일 따름입니다(이사 64,5 참조).

따라서 저는 당신의 의로움으로 치장하고, 당신의 사랑에서 당신 자신이라는 영원한 선물을 받길 소망합니다. 저는 그 어떤 왕좌도, 그 어떤 왕관도 아닌 당신만을 원합니다! 오 저의 사랑이시여!

소원

　　저의 소원은 이 땅에서 그러하듯 천국에서도 마찬가지일 것입니다.

　오직 예수님을 사랑하고 그분께서 사랑받으시도록 이끄는 것입니다!

2장

작은 꽃의 마음

저는 주님께 오로지 작은 것밖에
드릴 수 없는 영혼에 불과합니다.
그토록 많은 평화를 가져오는
여느 작은 희생조차 놓칠 때도 있지만,
그래도 저는 결코 낙담하지 않습니다.
비록 이로 인해 작은 평화를 잃겠지만,
곧 이것을 반복하지 않도록
더욱 주의할 것입니다.

오, 저의 유일한 사랑, 저의 태양이시여,
저는 당신의 햇살 아래 서 있는
저의 작음, 저의 연약함을 사랑합니다.

저는 주님의 햇살 아래에서 평화를 누립니다.
저의 주님께서는 진정 유일한 영광은
영원히 지속하는 것임을 깨우쳐 주셨습니다.
이 영광을 얻으려면,
어떤 눈부신 행동을 하기보다는
다른 이들의 눈에서,
심지어 자기 자신에게서
스스로를 숨겨야 합니다.
이로써 '오른손이 하는 일을 왼손이 모르도록
하는 것'(마태 6,3 참조)입니다.

저의 주님은
작은 이들에게 지혜를 선물하시는 것에서
기쁨을 느끼십니다.

진정, 예수 성심의 좋으심과
그 자애로운 사랑에 대해 아는 사람은
그리 많지 않습니다!
우리가 그 사랑을 누리기 위해서는 자신을
낮추고 우리의 부족함을 고백해야 합니다.
많은 영혼이 바로 이곳에서 자신감을 잃고
물러납니다.

예수님께서 전부이심을 잊지 마십시오.
당신은 아무것도 아닌 당신의 모습을
무한한 전부이신 그분께 내맡겨야 합니다.
그리하여 당신이 마땅히 사랑해야 할
유일한 그분만을 생각해야 합니다.

오, 예수님, 저는 그저 평화를 청합니다.
평화 그리고 그 무엇보다도 사랑을,
사랑, 끝없는 사랑을 청합니다.

사랑을 위해
진정 모든 것을 내어 주기 위해서는,
전적으로 자신을 모두 내려놓아야 합니다.
사랑은
우리가 온전히 자기 자신을
내어놓을 때에만 우리를 감싸 안을 것입니다.

저는 평화로운 천국에 도달하기까지,
완전한 사랑의 열매를 맛보기까지,
하느님의 뜻에 저를 완전히 내어 맡기기까지
많은 시련을 겪어야 했습니다.

사랑은 긴 삶의 자리를 대신할 수 있습니다.
예수님께서는 시간을 고려하지 않으십니다.
그분께서는 영원하시기 때문입니다.
그분께서는 오로지 사랑만 바라보십니다.
저는 제가 느낄 수 있는 사랑의 전율을
갈망하지는 않습니다.
예수님께서 그 전율을 느끼실 수 있다면,
저는 그것만으로 충분합니다.
그분을 사랑하는 것,
그분께서 사랑받게 해 드리는 것은
한없이 감미로운 일입니다.

저는 훗날 천국에서,
제가 지금 갖고 있는 것보다
더 많이 가질 수 있을지 모르겠습니다.
물론 저는 그곳에서
하느님을 뵐 수 있을 것입니다.

이것은 사실입니다.
하지만 저는 이 지상에서도
이미 그분과 함께 있습니다.

주님께서는
지금 이 세상에 있는 제자들에게서
감사할 줄 모르는 마음,
미온적인 마음만을 마주하고 계십니다.
아아! 그분께서 소유하신 이들 가운데
얼마나 적은 이들만이 자신을 내려놓고
그분의 한없이 다정하기만 한 사랑에
의탁하는지요!

제가 이곳에서 그 무엇도
제 뜻대로 한 적이 없기에,
하느님께서는 천국에서 제가 갈망하는
모든 것을 이루어 주실 것입니다.

예수님, 이제 당신을 사랑하는 것만이
제 유일한 갈망이 되었습니다.
찬란한 위업들은
사실 제가 바랄 것이 되지 못합니다.
제게는 복음을 선포하며 피를 흘리는 것도
버거운 일이나, 이것이 제게 문제는 아닙니다!
저의 형제들은 저를 대신하여 일하지만,
작은 아이인 저는 당신 왕좌 옆에 머물며,
분투하는 모든 이를 위해
당신을 사랑하렵니다.

사랑은 모든 것을 할 수 있습니다.
불가능해 보이는 일조차
수월해지고 달콤해집니다.
당신은 우리의 주님께서,
우리의 행위가 얼마나 위대한지를
바라보시지 않음을 잘 알고 있습니다.

그것이 아무리 어려운 업적이라 해도
우리가 그분께 드리는 사랑만큼
귀하게 여기지 않으십니다.

그럴 일은 없겠지만,
설사 하느님께서 제 선행을
보시지 못한다고 할지라도,
저는 근심하지 않을 것입니다.
이미 제게 기쁨을 주시는 그분께서
이를 아시는 것보다
그분을 기쁘게 해 드리는 것이
제게 더 중요할 정도로
저는 그분을 사랑합니다.

예수님께 사랑한다고 말씀드리는 것을
두려워하지 마십시오.
당신이 그 사랑을

느끼지 못할지라도 말입니다.
이렇게 당신은 그분께서 당신을 도울 수밖에
없도록 만들어 드리는 것입니다.
그리하여 혼자서는 걷기도 버거워하는
작은 아기와 같은 당신을
주님께서 들어 올려 주실 것입니다.

주님의 찬미하올 입술에서,
저희는 사랑 어린 비탄을 들었습니다.
"목마르다."(요한 19,28)
저희는 당신을 야위게 했던 그 목마름이
사랑에 대한 갈증이라는 것을 알기에,
이 목마름을 해소해 드리기 위해,
저희는 무한한 사랑을 소유하길 희망합니다.

저는 하느님께 사랑 말고는
다른 것을 드린 적이 없습니다.

이에 그분께서는 사랑으로
응답하실 것입니다.

🍃 　만약 우리의 희생이
예수님을 사로잡을 수 있다면,
우리의 기쁨 역시
그분을 사로잡을 수 있다고 확신합니다.
이 목표를 이루기 위해 필요한 전부는,
우리의 이기적 기쁨에 우리를 바치는 대신,
우리의 정배이신 예수님께,
그분께서 우리의 마음을 이끌기 위해
우리의 길 위에 뿌리신 작은 기쁨을
다시 그분께 돌려 드리는 것입니다.

🍃 　예수님, 예수님!
만약 당신 사랑에 대한 단순한 갈망이
그토록 기쁨을 일으킨다면,

이것을 소유하고 이를 영원히 누리는 것은
어떠하겠습니까?

🌿 제가 이웃에게 자애를 드러낼 때에,
이는 예수님께서 제 안에서
활동하시는 것임을 압니다.
그리고 제가 그분과 더욱 가까이 결합할수록,
저는 제 형제자매들을 더욱 진심으로
사랑할 것도 압니다.

🌿 인간적 애착에 사로잡힌 마음이 어찌
하느님께 더욱 가까이 결합할 수 있겠습니까?
아마도 불가능할 것입니다.
저는 이 거짓의 불빛에 이끌려
이 안으로 들어가
제 날개를 태우는 불쌍한 나방들처럼 된
이 영혼들이 그 상처를 안고

주님께 돌아오는 것을 보았습니다.
주님께서는 이 영혼들을 태우시나
결코 소멸시키지 않는 거룩한 불이십니다!

제 마음이 하느님만을 사랑하기에,
제 마음은 점점 더 자라나
이제는 메마르게
자신만을 향하고 있을 때보다
더욱더 깊고 진실된 사랑을
그분께 소중한 이들에게 줄 수 있습니다.

저는 기도 중에 많은 분심을 마주하지만,
제가 그것들을 인지했을 때면,
저는 제 분심에 나타나는 사람들을 위해
기도합니다.
이를 통해 제 분심에서
오히려 저는 이익을 얻습니다.

🍃　　저는 주님께서

한동안 보관된 양식을 주시기보다는,

매 순간 새로운 양식을 주시며

저를 양육하시는 분이심을 자주 느꼈습니다.

저는 이것이 어떻게 온 것인지조차 모른 채

제 안에서 발견하고는 했습니다.

저는 이 양식이 바로 제 누추한 마음 안에

숨어 계신 예수님이심을 믿습니다.

그분께서는 제 비천한 마음 안에서

은밀히 활동하시며,

매 순간 제가 무엇을 하길 원하시는지를

알려 주심을 믿을 뿐입니다.

🍃　　당신은 산 위로 올라가길 원할 테지만

하느님께서는

당신이 오히려 내려가길 원하십니다.

그분께서는 겸손의 비옥한 골짜기에서

당신을 기다리고 계십니다.

저는 오직 겸손만이
성인을 만들 수 있다는 사실을 알고,
우리에게 주어진 시험은
우리가 활용해야 할
금광임도 잘 알고 있습니다.
한없이 작은 모래알과 같은 저는
비록 용맹함도 힘도 없지만,
이 일을 마주하려 합니다.
분명 저의 연약함이 오히려
일을 수월하게 만들 것입니다.
왜냐하면 저는 이 일을
사랑으로 하길 원하기 때문입니다.

제 자신을 추구하는 생각을
모두 내려놓은 이후로

저는 가장 행복한 삶을 살게 되었습니다.

진정한 위대함은
이름이 아니라
영혼 안에서 찾을 수 있습니다.

저의 하느님,
저는 모든 것을 선택했습니다.
저는 불완전한 성인이 되지 않겠습니다.
저는 당신을 위해 시련을 겪는 것을
두려워하지 않습니다.
제가 두려워하는 것은
오직 한 가지,
바로 제 뜻대로 사는 것입니다.
제 의지를 당신께 봉헌하오니 받아 주소서.
이로써 저는 당신의 뜻이라면
무엇이든 선택하렵니다.

저는 미래에 어떻게 더 명확히
완덕의 의미를 이해할 수 있을지에 대해
스스로 묻고는 했습니다.
그때에 저는 이것을 이해했다고 생각했으나,
머지않아 이 길에 정진할수록
오히려 목적지에서 더 멀어진다는 사실을
깨닫게 되었습니다.
그리고 이제 저는 반대로 제 불완전함을
항상 받아들이고 있으며,
여기에서조차 기쁨을 얻습니다.

저는 거룩해지길 원합니다.
하지만 제가 얼마나 무력한지 알고 있기에,
저는 당신께 간청합니다.
오 저의 하느님,
주님께서 몸소 저의 거룩함이 되어 주소서.

- 영예는 언제나 위험합니다.
  가장 높은 자리에 있는 이들에게
  매일 독이 든 음식이 얼마나 주어지는지!
  이 얼마나 치명적인 향 연기와 같은지요!
  모든 길을 무사히 통과하기 위해,
  영혼은 자기 자신을 경계해야 합니다.

- 저는 다름 아닌 겸손이
  진리라고 생각합니다.

- 주님의 뜻만을 찾는다면
  모든 일은 잘될 것입니다.

- 예수님의 품 안에서 잠드는 대신
  자기 시간을 바쁘게만 보내는 것은
  옳지 않습니다.

하느님을
깊은 밤중에,
곧 시련 중에 섬기는 것은
매우 달콤한 것입니다.
결국 우리에게는
믿음으로 살아야 할 이 삶밖에 없습니다.

만약 당신이 성인이 되길 원한다면,
오직 한 분만을 목표로 삼고 바라보십시오.
곧 예수님께 기쁨을 드리고
당신 자신을 그분과 더욱 가까이 엮으십시오.
이렇게 한다면
성인이 되는 것은
결코 어려운 일이 아닐 것입니다.

예수님!

오, 저는 당신을 지극히 사랑할 것입니다!

당신이 그토록 사랑받은 적이 없을 정도로

당신을 사랑하겠습니다!

옮긴이의 말

언젠가 예수님께서 제자들에게 다음과 같이 말씀하신 적이 있다(루카 18,25-27 참조).

"부자가 하느님 나라에 들어가는 것보다 낙타가 바늘귀로 들어가는 것이 더 쉽다."

그러자 사람들은 놀라며 다음과 같이 말했다. "그러면 누가 구원받을 수 있는가?"

예수님께서는 이렇게 대답하시며 그들의 의혹을 해소해 주셨다. "사람에게는 불가능한 것이라도 하느님께는 가능하다."

놀라워 보이는 말씀이지만, 조금만 묵상해 보면 이 어려운 말씀을 이해할 수 있다. 낙타가 바늘귀로 들어가지 못하는 이유는, 몸집이 너무나 크기 때문이다. 안타깝게도 하느님을 잊고 지내는 세속 부자는, 그 낙타와는 비견되지 못할 정도로 더 크다. 그래서 바늘귀에 들어가기가 더더욱 어려운 것이다.

이스라엘에서 낙타는 구약 시대부터 부의 상징이었다(창세 30,43 참조). 그러한 낙타가 바늘귀에 들어갈 수 없다면, 수백 마리의 낙타를 가진 부자는 어떠하겠는가. 그가 이 문을 들어가기에는 챙겨야 할 것이 너무나 많다.

세상에서는 아이들에게 어릴 때부터 큰사람이 되어야 한다고 가르친다. 안타깝게도 이 '큰사람'의 의미는 남보다 집이 '큰' 사람, 사회적 지위가 '높은' 사람, 권력이 '거대'한 사람인 경우가 많다. 우리가 사는 세상에서는 이런 사람들만 찾기에 작은 사람이 설 자리를 찾기가 힘들다.

그렇다면 예수님께서는 우리에게 어떤 사람이 되라고 가르치실까.

그리스도인은 본능적으로 알고 있다. 예수 그리스도께서 곁에 계시는 이들은 집이 '작은' 사람, 사회적 지위가 '낮은' 사람, 권력이 '없다시피' 한 사람이라는 사실을 말이다. 이 세상에서 실제로 예수님께서 그렇게 사셨다.

소화 데레사 성녀의 '작은 길'은 우리가 의식하든, 의식하지 못하든, 그리스도인으로 살면서도 세속적 기준으로 세상을 바라보는 습관에 경종을 울린다. 주님 앞에서는 내가 아무리 큰사람일지라도 소용이 없다. 세속의 화려한 명예, 재산은 물론 고결한 지식과 학덕을 가진 것조차 아무 소용이 없으며, 오히려 주님께 자신을 내맡기는 데에 이러한 것들은 걸림돌이 된다.

소화 데레사 성녀는 우리가 어떻게 예수님을 사로잡을

수 있는지 묵상하게 해 준다. 그분을 사로잡는 것은 화려한 겉모습, 호화로운 재물, 무엇인가 이루어야 되겠다는 야망, 빼어난 기술이 아니다. 이미 그런 사람들은 세상에 차고 넘친다. 오히려 그분께서는 우리의 보잘것없음, 초라함, 부족함을 사랑하신다. 우리는 그저 그분께 우리 자신을 내맡기면 된다.

아무리 화려한 오케스트라도, 초호화 장비를 갖춘 녹음실도, 빼어난 디지털 기술을 가진 작곡가의 기계음도 먼지 쌓인 작은 레코드판에서 나오는 캐롤의 따스한 감동을 재현하지는 못하지 않는가. 엘피판에 파인 홈에서 나는 소리가 오히려 그 음악의 매력이 되듯, 예수님께서는 상처투성인 우리의 작은 영혼에 더 큰 사랑을 쏟아부어 주신다.

우리가 바늘귀로 들어가는 방법은 바로 우리가 태어난 먼지처럼 그분 앞에서 작아지는 것이다. 낙타에게는 어려운 일이지만, 먼지는 바늘귀로 들어가기가 쉽다. 그리고 바로 이것이 소화 데레사 성녀가 우리에게 가르쳐 주는 '작은 꽃', '작은 길'의 영성이다.

"아브라함이 다시 말씀드렸다. '저는 비록 먼지와 재에 지나지 않는 몸이지만, 주님께 감히 아룁니다.'"(창세 18,27)

2024년 로마에서\
이인섭 아우구스티노

주

1 Mary Hanson, "*The Little Flower's Lisieux*," October 1, 2020, National Catholic Register, https://www.ncregister.com/features/the-little-flower-s-lisieux.
2 *Soeur Thérèse of Lisieux, the Little Flower of Jesus*: A New and Complete Translation of L'Histoire D'Une Ame, with an Account of Some Favours Attributed to the Intercession of Soeur Thérèse, ed. T. N. Taylor (London: Burns, Oates & Washbourne, 1922), chapter 2, "A Catholic Household."
3 *Soeur Thérèse of Lisieux*, chapter 5, "Vocation of Thérèse."
4 *Soeur Thérèse of Lisieux*, "Epilogue: A Victim of Divine Love."